LA

RÉPUBLIQUE

D'APRÈS

JEAN-JACQUES ROUSSEAU

PAR

E.-J.-F. PROUX

———◦◦◦———

BORDEAUX

LIBRAIRIE FERET & FILS

15, COURS DE L'INTENDANCE, 15

Et chez tous les principaux libraires.

———

1878

LA RÉPUBLIQUE

D'APRÈS

JEAN-JACQUES ROUSSEAU

LA
RÉPUBLIQUE

D'APRÈS

JEAN-JACQUES ROUSSEAU

E.-J.-F. PROUX

BORDEAUX

IMPRIMERIE G. GOUNOUILHOU

II, RUE GUIRAUDE, II

1878

En offrant cette brochure au public, l'auteur n'a aucune prétention; il se demande même s'il n'a pas eu une trop grande audace de vouloir commenter un écrit du plus grand penseur du XVIIIe *siècle — l'égal de Voltaire par le génie.*

Nous avons voulu simplement répéter avec Jean-Jacques Rousseau son admirable Contrat social, *dont nous avons extrait chapitre par chapitre tout le livre* Ier, *véritable acte de naissance de la Constitution républicaine.*

Pour commenter Jean-Jacques, ce modèle de netteté et de clarté, ou pour redire avec lui une de ses incomparables leçons, une plume bien autrement autorisée eût été nécessaire. La nôtre a osé le faire; le lecteur nous fera grâce en raison du sentiment qui nous a inspiré : Nous avons pensé pouvoir mettre en relief le principe de la paix ou de la République universelle.

INTRODUCTION

La République est une nécessité sociale absolue.

Le sentiment public l'a compris aujourd'hui ; mais comment l'explique-t-on ?

De même, pour être heureux en famille, l'union est-elle indispensable : de même, pour vivre en harmonie, tous les hommes ont-ils besoin d'être unis ?

Or, la « République » n'est que le mot qui sert à exprimer cette union.

Si, au lieu de ce mot, on eût dit :

Raison publique,

tout le monde l'aurait admise plus tôt ; et pourtant cela ne veut pas dire autre chose.

Or, qui est-ce qui est plus capable de gouverner que la raison publique ?

De la République, ou raison publique, doivent naître toutes les lois.

La raison publique rencontre encore quelque résistance ; il ne faut pas s'en étonner : l'œuvre de civilisation, d'ordre social, a vaincu de plus sérieux obstacles ; du reste, elle est en bon chemin.

On disait autrefois : « la République n'est pas un gouvernement, » parce qu'on n'y voyait pas un homme.

Au contraire, la République est le seul gouvernement possible. Il n'en est pas d'autre — il ne saurait y en avoir d'autre. Toutes les raisons frelatées des despotes n'y feront rien.— La République est, et elle sera.

Nous devons à une pléiade de philosophes, à Jean-Jacques Rousseau surtout, de nous avoir fait la vraie lumière, de nous avoir montré où était la vraie force, la seule capable de nous donner la paix et le bonheur que les destinées humaines peuvent recueillir en ce monde.

Nous n'en ferons jamais des dieux ; mais honneur à La Boëtie, à Rabelais, à Montesquieu, à Voltaire, à Jean-Jacques Rousseau et à tant d'autres qui nous ont donné la vie civile, et glorifions leur mémoire.

Hommes, ils ont bien mérité de tous les hommes !

LA RÉPUBLIQUE

D'APRÈS

JEAN-JACQUES ROUSSEAU

« DU CONTRAT SOCIAL

—

» LIVRE PREMIER

» I. — Sujet de ce premier Livre.

» L'homme est né libre.

» L'ordre social est un droit sacré qui sert de base » à tous les autres. »

Ce qui veut dire : *L'homme a droit à l'ordre social, sans lequel il n'y a pas de liberté.*

« Cependant, ce droit ne vient pas de la nature; il est » donc fondé sur les conventions.

» Il s'agit de savoir ce que sont ces conventions. »

Remarquons que Jean-Jacques dit, d'abord, que l'homme est né libre; et quand il ajoute :

« Que l'ordre social, base de tous les droits, *ne vient pas de la nature,* » il semble qu'il se contredirait déjà.

Observons que dans la pensée de Jean-Jacques, pensée exacte, l'homme est réellement libre, puisque, avant de naître, il ne pouvait contracter aucune obligation, pas plus qu'il n'avait de droits. — « Ce qui n'est rien, ne peut rien, n'est soumis à rien, » dit-il ailleurs.

2

Cependant, aussi, l'homme ne saurait être ni libre, ni esclave, naturellement; il ne le sera que conventionnellement.

Ce n'est pas une erreur de dire, comme on l'entend quelquefois : « La nature m'a fait libre; » mais il s'agit de savoir comment on conservera cette liberté.

« II. — Des Premières Sociétés. »

Si l'on disait que la liberté naturelle existe, on s'apercevrait bientôt qn'il n'en est rien, car si un homme prétendait à cette liberté, il verrait tout aussitôt qu'elle peut être entravée, sinon menacée, par un ou plusieurs autres hommes usant de la même liberté.

A l'état naturel, un homme paraît libre, il ne l'est pas.

— Si son instinct est libre, celui des autres l'est aussi. Ils peuvent avoir la même convoitise, par le fait du même besoin. — Il ne peut donc qu'y avoir source de perturbation, de confusion, de conflit entre eux.

L'un veut cela; l'autre le veut aussi. Comment le posséderont-ils?

Par une convention qui sera le droit, ou par l'usurpation ou la force.

On verra ce que Jean-Jacques dit du prétendu droit du plus fort, et comment s'établit la liberté.

« La plus ancienne des sociétés et la seule naturelle,
» dit Jean-Jacques, est celle de la famille. Encore les
» enfants ne restent-ils liés au père qu'aussi longtemps
» qu'ils ont besoin de lui pour se conserver.
» Dès que ce besoin cesse, le lien naturel se dissout.
» Les enfants exempts de l'obéissance qu'ils devaient au
» père, le père exempt des soins qu'il devait aux
» enfants, rentrent tous dans l'indépendance.

» S'ils continuent de rester unis, ce n'est plus naturel-
» lement, c'est volontairement, et la famille elle-même
» ne se maintient que par convention. »

Ainsi, en supposant une seule famille, celle d'Adam,
admis pour le premier homme, on n'aperçoit la liberté
que pour Adam seul avant la création de ses enfants. Sitôt
la naissance de ses enfants, Adam cesse d'être libre; il se doit
à eux par le sentiment naturel, et les enfants lui sont soumis
parce que leur faiblesse, leurs besoins, les y obligent.

Quand les enfants ont acquis la force, ils se suffisent à
eux-mêmes, et *si le lien de famille se maintient,* c'est par
une convention tacite qui naît d'un sentiment moral.

Au moment où les enfants deviennent libres, ils pourraient contrarier la liberté du père; en restant unis, ils
la respectent, et réciproquement.

Mais les enfants, parvenus à l'âge de force et de
raison, sont-ils réellement exempts de l'obéissance qu'ils
devaient à leur père?

Cependant, n'y a-t-il pas quelque scrupule à les considérer affranchis?

Non, dit Jean-Jacques.

« Cette liberté, qui devient commune, est une consé-
» quence de la nature de l'homme. Sa première loi est de
» veiller à sa propre conservation, ses premiers soins
» sont ceux qu'il se doit à lui-même, et sitôt qu'il est en
» âge de raison, lui seul, étant juge des moyens propres
» à se conserver, devient par là son propre maître. »

Donc, de l'union du père et des enfants a été constituée
la première société.

Comment, dans la transmission des existences, dans
l'accroissement du nombre des individus, dans l'éloignement de l'origine, a-t-on perdu le sentiment de la
nécessité de cette union?

Mais, est-il bien certain qu'Adam ait été le chef de la première famille?

Des savants ont paru qui ont voulu démontrer le contraire en dévoilant l'histoire.

S'ils ont raison, et on peut y croire sans outrager l'ancienne croyance, s'il y a eu plusieurs premiers chefs de famille, y a-t-il eu des familles supérieures les unes aux autres, d'essence plus pure, plus parfaite?

Non.

Elles ont eu le même créateur et n'ont eu aucuns droits de priorité, ni de supériorité, qui ait laissé une trace certaine, un titre incontestable.

C'est dans l'éloignement de l'origine que se placent les prétendus droits des uns; c'est aussi dans cet éloignement que les autres ont trouvé une raison à leur opposer la négation de ces droits prétendus, faute de preuve.

Il faut admettre que dans la diversité des situations où les hommes se sont rencontrés, après la perte de la tradition dans la filiation, les hommes se sont vus, et se sont considérés comme étrangers, et que sans se connaître ils se sont traités en ennemis avant de s'être reconnus.

C'est même de l'apparence réelle de leur égalité, qu'au premier abord ils se sont disputé la possession du droit à cette égalité, comme du droit aux choses, et de l'issue du conflit est née une pensée de supériorité qu'on a voulu consacrer.

Le droit absolu et perpétuel du chef de famille n'existe pas.

Comment donc un homme ou plusieurs hommes ont-ils pu prétendre à ce droit?

Ils en sont incapables, non moins qu'ils ne pourraient prétendre à la perpétuité de leur propre existence.

Forcé de suivre Jean-Jacques dans sa voie si sûre,

nous reviendrons encore sur ce sujet, quoiqu'il semble épuisé.

Jean-Jacques, fortement préoccupé des controverses et de la situation même de son temps, discute du droit de la guerre, et en voyant l'étranger combat le droit de l'étranger en tant que maître absolu, droit qui n'existe pas, mais il se préoccupe vivement d'une exception de rivalité légitime et de ce qui concerne les effets résultant de la victoire d'un État sur un autre.

Nous le suivrons, mais dès à présent nous avertissons le lecteur qu'on ne peut errer. Il faut se pénétrer simplement du premier droit de l'homme et en faire l'application à tous les hommes; on verra que les raisonnements de Jean-Jacques, détruisant le préjugé d'un droit d'autorité d'un homme sur un homme, sans compensation, détruisent aussi le droit de l'étranger.

Le droit de l'homme, le seul d'origine, c'est le droit à une convention. — Ce sera la convention universelle, — ou la convention n'est que fiction et chose nulle dans ses effets.

Les conventionnels de 93 auraient dû décréter cette convention universelle, mais on n'a pas besoin de décréter ce qui s'impose par la force des choses.

Nous terminerons ce chapitre des *premières* sociétés.

« *La famille est donc, si l'on veut, le premier modèle des* » *sociétés politiques; le chef est l'image du père, le peuple est* » *l'image des enfants, et tous étant nés égaux et libres* » *n'aliènent leur liberté que pour leur utilité.* »

Ce parallèle est-il exact?

Mais en supposant qu'il le serait et qu'on pourrait supposer un chef populaire ou un roi comme le père des enfants, du peuple, on a vu que malgré cet avantage qu'il ne peut pas avoir, qu'il n'a pas, quand même on le lui reconnaîtrait, n'est rien qui le rende supérieur ni maître absolu, puisque nous avons vu que dans l'état de famille ce n'est que par une convention que les enfants et le père maintiennent le lien qui les unit, et que tous sont libres et égaux.

Tous les exemples appliqués à Adam s'appliqueraient au roi, comme au peuple et aux enfants.

Un chef ne saurait donc l'être que du consentement de la famille; sa liberté est à ce prix. Et que serait un chef sans liberté?

Mais s'il arrivait que même du consentement de la majorité des enfants, un chef s'attribuât tous les droits, — un seul refusant, à le reconnaître, irait faire souche, et établirait des lois en dehors de la famille; le lien serait rompu.

Celui qui se serait séparé, se ferait reconnaître chef ou roi; — donc, il y aurait deux rois; — puis il y en aurait un troisième, un quatrième, qui sait combien? — Comme cela s'est vu, — la guerre du prétendu droit de l'étranger ne tarderait pas à régner entre les rois et les divers États, — d'où naîtrait le droit du plus fort.

« III. — Du Droit du plus fort.

» *Le plus fort*, dit Jean-Jacques, *n'est jamais assez fort* » *pour être toujours le maître, s'il ne transforme sa force* » *en droit et l'obéissance en devoir.*

» Céder à la force est un acte de nécessité, non de » volonté; c'est tout au plus un acte de prudence. En » quel sens pourra-ce être un devoir? »

On ne cède pas à la force. La force domine la faiblesse, c'est ce qui fait l'autorité, et non le droit du plus fort.

Ce n'est pas, assurément, un devoir qui s'impose de respecter la force. Mais il faut la subir, ou résister, ce que peut tenter la volonté.

La force supprime la force et se substitue à son autorité.

Il n'y a pas de droit de la force, ou d'une autorité brutale, destinée à devenir caduque et à disparaître sous les coups d'une force hostile supérieure.

Puisqu'il n'y a pas de droit du plus fort, où est l'esclavage?

« IV. — De l'Esclavage. »

L'esclavage a disparu depuis Jean-Jacques, mais on peut le remplacer par les mots *servitude* ou *sujétion misérable*.

Nous insisterons longuement sur ce chapitre, le philosophe y ayant traité de la guerre sans soupçonner à quelles incroyables tueries se livrerait le genre humain même après son temps.

L'influence de ses écrits n'y a pas été étrangère; la lutte est encore entre la barbarie et le droit de liberté ; espérons que celle-ci ne tardera pas à triompher.

« Puisque aucun homme n'a une autorité naturelle sur » son semblable (qui puisse subsister) et puisque la force » ne produit aucun droit, dit Jean-Jacques, restent donc » les conventions pour base de toute autorité légitime » parmi les hommes. »

Le père n'a de droit ni de force à employer que dans l'intérêt de ses enfants.

Où est donc l'autorité légitime subsistante quand les

enfants ont acquis la force et assurent eux-mêmes le soin de leurs intérêts?

Elle ne sera que dans l'autorité concédée ou conventionnelle, en vue, non plus de l'intérêt d'un seul, mais de l'intérêt de tous;

Et cette autorité concédée, obtiendra-t-elle le pouvoir d'aliéner une liberté sur laquelle on n'a que le devoir de veiller?

« Quand chacun pourrait s'aliéner lui-même, il ne peut » aliéner ses enfants; ils naissent hommes et libres; leur » liberté leur appartient, nul n'a le droit d'en disposer qu'eux. » Le père ne saurait les donner irrévocablement sans con- » dition; un tel don passe les droits de la paternité. »

Il serait évidemment hors de raison que le père eût ce droit de disposer des enfants pour un temps, pour un avenir que lui-même peut ne pas voir, selon la loi naturelle.

Et s'il en avait disposé dans la minorité, il faudrait qu'à la majorité les enfants eussent le droit de dénoncer ou d'accepter les conditions qui leur auraient été faites. Mais si le père en avait encore disposé autrement, où serait son droit? et où serait celui des enfants?

Il n'y a pas de droit contre le droit. — Il n'y aurait donc autre chose que la force pour déterminer le droit.

Nous verrons que, ne pouvant renoncer à sa propre liberté, on ne saurait y renoncer pour autrui.

« Renoncer à sa liberté, dit Jean-Jacques, c'est renoncer » à sa qualité d'homme, aux droits de l'humanité, même » à ses devoirs. »

On voit, du reste, et il faut admettre que ce serait un acte de folie, et l'on ne saurait attribuer à un fou le droit d'aliéner la liberté d'un autre homme, et encore moins à un père peut-on reconnaître ce droit.

Mais quelle serait donc la raison qui ferait renoncer au bien le plus précieux, la liberté?

La crainte de perdre la vie?

À quoi bon la ménager, si aliénant la liberté, on donnait le droit de la prendre, droit qui n'existait pas?

Ce ne serait donc qu'une lâcheté ou une folie, non pas un acte de conservation, à moins de n'en user que pour ressaisir, au plus tôt, cette liberté, c'est-à-dire le droit de se défendre.

Citant un auteur, Grotius, qui dit que le droit d'esclavage vient de la guerre, Jean-Jacques objecte :

« Il est clair que ce prétendu droit de tuer les vaincus » ne résulte en aucune manière de l'état de guerre.

» Par cela seul, dit-il, que les hommes vivant dans » leur primitive indépendance, n'ont point entre eux de » rapport assez constant pour constituer ni l'état de paix » ni l'état de guerre, ils ne sont point naturellement » ennemis. »

Il est bien clair, en effet, que les hommes, avant de se reconnaître, ne pouvaient savoir s'ils étaient à l'état de paix ou de guerre, ce qui explique que leur état d'ignorance de leur rapport exclut l'idée qu'ils soient naturellement ennemis.

Certainement l'état de nature ne comporte que l'incertitude dans la manière d'être des hommes vis-à-vis les uns des autres, et rien n'étant de cause ni d'effet appréciable, on ne peut supposer l'état de guerre entre les hommes.

« C'est le rapport des choses, dit Jean-Jacques, qui » constitue la guerre, et l'état de guerre ne pouvant » naître des relations personnelles, mais seulement des » relations réelles, la guerre privée ou d'homme à » homme ne peut exister, ni dans l'état de nature, où il

3

» n'y a point de propriété constante, ni dans l'état social » où tout est sous l'autorité des lois. »

Si c'est le rapport des choses et non des hommes qui constitue l'état de guerre, à moins que ce rapport ne disparaisse, on ne voit la raison de la fin de la guerre que par l'extinction de l'ennemi. — Donc, on pourrait dire : Mort aux vaincus ! car rien n'assure d'un retour aux hostilités, et n'est pas vaincu qui l'on ménage et à qui il reste un contingent de force, le vainqueur n'étant en paix, n'étant assuré qu'il ne sera vaincu à son tour et peut-être sans recours en grâce.

Mais voit-on comment le rapport d'une chose ne pourrait disparaître ?

Et si on ne le voit pas, on ne saurait voir le droit de tuer à propos d'une chose.

Ou il faut admettre un droit aux choses qui donne le droit de tuer — car tuer ou faire la guerre pour le bon plaisir n'est pas admissible, — ou ce droit n'existe pas.

Mais d'où viendrait ce droit entre deux particuliers ?

Et s'il apparaissait que la chose puisse être ou divisée ou mise en commun, ou quoi que ce soit, comment admettre que l'on dût d'abord s'en remettre au sort de la guerre ?

D'un individu à un autre apparaît donc la possibilité d'une entente au sujet des choses ; il ne paraît pas qu'il en puisse être autrement, car en supposant deux hommes seulement rivaux accidentellement, il semble qu'il y ait des moyens de les mettre d'accord.

Qui dira le contraire ?

Et si l'on suppose que la guerre peut avoir lieu entre États, il semble que le même raisonnement doit suffire à trancher le différend.

Car, si d'une solidarité entre hommes d'un même État

la masse collective agit contre un autre État pour disputer une chose, il semble, encore, qu'il y ait des moyens de mettre les deux États d'accord.

Et si l'on admet que la guerre doive avoir lieu pour la possession d'une chose, on peut l'ériger facilement en système, et la raison n'aura plus rien à prétendre.

En résumé, l'homme à l'état de nature trouve la limite de sa liberté, dans une liberté qui s'oppose; — donc, il n'a pas le droit de faire la guerre.

En société, il n'en a pas le droit non plus, parce que la loi l'en empêche et le protége.

Donc, encore, la guerre ne saurait être un système. Les despotes ont voulu l'ériger en raison d'État, c'est là l'erreur et la cause de tous les maux des peuples, et par suite des individus.

Mais, en supposant cette existence de plusieurs États, en l'admettant en titre temporaire, ne pouvant faire mieux, Jean-Jacques dit :

« Enfin, chaque État ne peut avoir pour ennemis que » d'autres États, et non pas des hommes; attendu » qu'entre choses de diverses natures on ne peut fixer » aucun vrai rapport. »

D'où il s'ensuivrait que les hommes étant de nature semblable, la guerre ne peut avoir lieu entre eux sans outrager leur propre nature, tandis qu'elle pourrait avoir lieu avec l'État qui n'est plus un homme.

Suppose-t-on que les hommes ont constitué l'État? On ne s'explique pas que les constitutions opposées fassent les divers États ennemis.

Si la constitution était en dehors d'eux-mêmes, sans qu'ils y prissent garde, à leur insu, cela s'expliquerait; — mais il semble alors qu'il n'y aurait que d'un État d'aventure et non de constitution réelle d'où les hommes pourraient prétendre ne pas être les ennemis d'un autre État.

D'homme à homme on n'est pas ennemi.

D'États à États, de constitution, les hommes ne peuvent l'être non plus naturellement.

Il n'y aurait que le cas où l'État considérerait faire la guerre à un seul homme d'où viendrait la nature différente des choses légitimant la guerre.

C'est donc, de nos jours, qu'un État a pu déclarer la guerre à un homme, à une dynastie, et dire : Je ne fais pas la guerre à l'État, au peuple.

Singulière chose qui ne peut qu'éclairer notre raison. Il y a bien paru quand il a fallu combattre et payer.

Et cependant, Jean-Jacques dit :

« Les déclarations de guerre sont moins des avertisse-
» ments aux puissances qu'à leurs sujets. »

(Les puissances, ce sont les chefs, car celle du peuple est en eux.)

Cet avertissement qui s'adresse aux sujets plutôt qu'à l'État, indique bien que les hommes, les sujets, sont bien eux-mêmes la puissance, l'État.

C'est eux que vise l'avertissement, et leur destinée présidant à celle de l'État, s'ils succombent par la suite, que deviendra l'État?

Jean-Jacques dit : « Même en pleine guerre, un prince
» juste s'empare bien, en pays ennemi, de tout ce qui
» appartient au public, mais il respecte la personne et les
» biens des particuliers; il respecte des droits sur lesquels
» sont fondés les siens. »

Il apparaît ici, que le vainqueur doit respecter les biens privés des particuliers, et ne doit s'emparer que des biens communs aux particuliers, c'est-à-dire de l'État.

On peut admettre, dans cette hypothèse de guerre, que

le constituant, ou plutôt un particulier d'un État, soit obligé et lié à son sort ; le sujet, le particulier peut, malgré son sentiment, être entraîné dans la guerre, et s'il lui fallait, en dehors de sa part aux biens communs qui lui serait enlevée par le vainqueur, souffrir encore la perte de ses biens propres ou privés, ce serait contre toute justice, car il contribuerait probablement plus que pour la part commune, et la guerre n'était pas de son fait.

Il s'ensuit que ce qui s'applique pour la propriété doit s'appliquer à l'existence même du particulier, de l'homme, et que son devoir de constituant l'ayant seul entraîné dans la guerre, le vainqueur doit respecter sa vie quand il a déposé les armes.

Mais, si ce principe de justice et d'humanité ressort bien à l'évidence, qui est-ce qui garantit au vainqueur que l'adversaire, et nous disons l'homme, n'est pas son ennemi?

Ce qui le lui garantit, c'est qu'avant de le connaître il ne l'était pas ; — qu'un accident seul, tenant des choses mêmes en dehors de lui, a créé le conflit, révélé un ennemi, qui ne se soupçonnait pas lui-même de l'être.

Et parce que cette exception existerait, faudra-t-il que le vainqueur s'accommode d'une excuse de participation, par devoir, aux actes meurtriers dont il aurait pu être la victime?

Alors réapparaîtrait le droit de tuer. — Non, la guerre est barbare, elle n'est pas un droit, — elle est fille de l'ignorance, et disons mieux de la méchanceté ou de la malignité, de la convoitise injuste. Le droit n'apparaît jamais dans la guerre. Il n'y a rien qui puisse l'affirmer. La barbarie ne raisonne pas, et l'agresseur, comme aussi celui qui se défend, peuvent revendiquer le droit.

« Quelquefois, dit Jean-Jacques, on peut tuer l'État
» sans tuer un seul de ses membres. »

Les grands États peuvent avoir ce privilége, puisé dans
la force, de réduire un État et de le décimer sans tuer un
de ses hommes.

C'est le cas d'un État ou des États qui s'approprient un
autre État.

Mais un État ne doit pas permettre qu'on dispose de
lui sans s'y opposer, et sa destruction ne saurait être que
matérielle, non morale, non totale.

Celui qui subit la force, subit un droit usurpé, mais
c'est un droit qu'une autre force détruira.

« Si la guerre ne donne point au vainqueur le droit de
» massacrer les peuples vaincus, ce droit qu'il n'a pas ne
» peut fonder celui de les asservir. »

Et Jean-Jacques continue :

« On n'a le droit de tuer l'ennemi que quand on
» peut le faire esclave ; le droit de le tuer ne vient donc
» pas du droit de le faire esclave ; c'est donc un échange
» inique de lui faire acheter sa vie sur laquelle on n'a
» aucun droit.

» En établissant le droit de vie et de mort sur le droit
» d'esclavage, et le droit d'esclavage sur le droit de vie
» et de mort, on tombe dans un cercle vicieux. »

Les lois de la guerre ne permettent plus ces excès, mais
tout cela procède du système vicieux et inique de la
guerre, ou de ce qu'on a prétendu la guerre être un
système nécessaire.

Mais si la guerre n'entraîne plus l'esclavage dans le
sens propre du mot, elle entraîne encore la servitude
qui est toujours l'esclavage.

Si l'on commente les lignes précédentes dans leur
rapport avec le reste de l'ouvrage, il semble qu'il y ait

un droit d'esclavage résultant du droit de faire grâce qui semble encore un droit inhérent à la volonté du vainqueur et à l'intérêt de sa propre conservation.

Si l'on conteste le droit de faire esclave l'ennemi ou de lui faire grâce de la vie à condition d'aliéner sa liberté, peut-on contester le droit de le tuer?

Le droit de faire esclave ne vient pas du droit de tuer, mais du consentement de l'ennemi vaincu, qui rachète sa vie en sacrifiant sa liberté; mais, nous l'avons vu, ce contrat n'en est pas un, car le vaincu ne pouvant être assuré que le vainqueur ne se ravisera pas, il n'aura d'autre soin que de se garantir et de reprendre sa liberté pour se défendre ou secouer le joug.

Nous avons vu à cet égard, du reste, ce qu'est le droit du plus fort.

S'il n'y a donc aucun droit de tuer l'ennemi ou de le réduire à l'impuissance par l'obligation du tribut et de la fidélité, il ne faut discuter de la guerre.

Il faut dire : il est défendu de se battre, il est surtout défendu d'attaquer, encore moins de provoquer;

Et la loi doit être aux États ce qu'elle est dans l'état social par rapport aux particuliers.

Tout étant soumis à l'autorité des lois, nul n'a le droit de recourir aux chances du sort par les armes.

Et c'est bien là le but de notre philosophe, — car il ajoute :

« En supposant même ce terrible droit de tout tuer, je » dis qu'un esclave fait à la guerre, *ou un peuple conquis,* » n'est tenu à rien du tout envers son maître, qu'à lui » obéir, autant qu'il est forcé.

» Loin donc qu'il ait acquis sur lui nulle autorité » jointe à la force, l'état de guerre subsiste entre eux » comme auparavant, *leur relation même en est l'effet,* et

» l'usage du droit de guerre ne supporte aucun traité de
» paix. »

On voit, à diverses reprises, ce mot *droit* apparaître
alors même qu'on le nie, mais Jean-Jacques dit aussi
simplement :

« Faire la guerre ne suppose aucun traité de paix
» comme droit de sa fin. »

Parce que le droit de guerre n'existe pas. Il n'y a pas
de droit d'être vainqueur ou vaincu.

Pour faire un droit, en société, il faut le libre consentement des parties.

Il ne ressort, des raisonnements et des formules de
Jean-Jacques, qu'une solution : la guerre est inique, elle
n'a rien qui la justifie, et tous ses effets sont nuls. Elle
est hideuse, parce qu'elle tue et ne laisse après elle
aucune réparation.

« V. — Qu'il faut toujours remonter à une première convention. »

« Il y aura toujours, dit Jean-Jacques, une grande
» différence entre soumettre une multitude et régir une
» société.

» Que des hommes soient successivement asservis à
» un seul, en quelque nombre qu'ils puissent être, je ne
» vois là qu'un maître et des esclaves, je n'y vois point
» un peuple et son chef; c'est, si l'on veut, une agréga-
» tion, mais non pas une association; il n'y a là ni bien
» public ni corps politique. »

Et Jean-Jacques, citant Grotius, qui dit qu'un peuple
peut se donner à un roi, ajoute :

« Cet acte suppose une délibération publique. » Mais
avant cet acte, « je veux, dit Jean-Jacques, examiner,

» s'il existe, l'acte antérieur, qui fait qu'un peuple est
» un peuple, acte nécessaire pour le fondement de la
» société. »

« En effet », dit-il encore, où serait, à moins d'élection
» unanime, l'obligation de la minorité de se soumettre
» au choix de la majorité?

» La loi de la pluralité des suffrages est elle-même un
» établissement de convention, et suppose au moins une
» fois l'unanimité. »

Cela est trop clair pour être commenté; mais disons
qu'il n'y a pas de soumission des peuples qui les oblige
à rien de contraire à la liberté. Les peuples, nous disons
le peuple est gouverné.

Il l'est par lui-même, c'est-à-dire par sa propre raison
qui fait la loi générale qui soumet tous les individus,
oui, mais à eux-mêmes.

Jean-Jacques n'a pas entendu qu'on pût prendre sa
formule de la loi de pluralité des suffrages, *qui demande
au moins une fois l'unanimité,* dans le sens d'une atteinte
à la liberté, puisque nul n'a le droit d'aliéner la liberté
d'autrui, et ne saurait aliéner la sienne.

Mais on dira : *Reconnaissez-vous que le défaut d'une
première unanimité empêche la constitution d'une société et
son gouvernement, et l'existence même du contrat?*

Non.

A défaut de l'expression de tous les suffrages, une
minorité qui a reconnu la première le droit de tous à la
convention générale, sans usurper ce droit de tous,
l'établit et le maintient en réservant l'heure de l'acquies-
cement, de l'adhésion de tous, qui n'ont du reste d'autre
droit que cette liberté.

Elle n'est point usurpatrice, despotique, tyrannique
cette minorité; elle ne déclare point la guerre, elle

l'évite et la repousse; elle laisse aux non-adhérents le temps de s'éclairer et de profiter de leur droit; elle respecte ainsi leur liberté et la leur conserve en la proclamant pour ceux mêmes, qui la négligent ou la dénient en la substituant au lieu et place de leur liberté naturelle, qui n'est rien qu'incertaine par les obstacles.

Une constitution est faite par quelques-uns au nom de tous auxquels on réserve les mêmes privilèges et pas d'autres charges que pour ceux qui la font pour eux et pour tous. Nul ne peut la refuser sans vouloir rester en dehors de cette convention générale, qui n'a pas d'équivalent.

Il est prouvé qu'en dehors de la convention générale ou la seule loi primitive de liberté, il n'y a que perturbation et conflit en évidence; et faute de déclarer qu'on veut être maître ou esclave, il faut l'accepter.

On ne saurait dire qu'en venant au monde, les enfants peuvent refuser la vie. — Où serait leur raison?

Mais ce serait en vain qu'une majorité, une unanimité même, encore moins une minorité, voudrait constituer, par le fait de cette maxime, autre chose que le régime de la vraie liberté.

En vertu de ce principe que l'on n'est pas le droit en dehors du respect de la liberté générale et de l'égalité, tout acte hypocrite, ou simplement maladroit, qui tenterait d'établir un faux régime de libre constitution se révèlerait bientôt, comme l'expression de la confusion ou de la duplicité de la perversité des hommes qui s'y soumettraient. Rien ne serait moins fragile et périssable.

Voyons donc comment se forme la vraie société, la vraie liberté,

« VI. — Du Pacte social.

« Je suppose, d.̠ Jean-Jacques, les hommes parvenus à
» ce point où les obstacles qui nuisent à leur conservation
» dans l'état de nature, l'emportent par leur résistance
» sur les forces que chaque individu peut employer pour
» se maintenir dans cet état. Alors, cet état primitif ne
» peut plus subsister, et le genre humain périrait s'il ne
» changeait sa manière d'être. »

Les obstacles qui s'opposent au développement de la
liberté naturelle de l'homme, tant physiques que moraux,
sont trop nombreux pour qu'il soit besoin d'en citer des
exemples.

De cette supposition, Jean-Jacques voit la nécessité
d'unir les forces pour se conserver, et la difficulté de
concentrer ces forces pour l'intérêt général sans que le
soin de la conservation particulière en soit négligé.

Difficulté qu'il énonce en ces termes :

« *Trouver une forme d'association qui défende et protége*
» *de toute la force commune la personne et les biens de*
» *chaque associé, et par laquelle chacun s'unissant à tous*
» *n'obéisse pourtant qu'à lui-même, et reste aussi libre*
» *qu'auparavant.* »

Et il ajoute :

« Tel est le problème fondamental dont le contrat social
donne la solution. »

Telle est, aussi, l'ouverture de son chapitre VI.

Ainsi, après avoir, en quelques pages, on peut dire en
quelques lignes, établi le principe de la liberté de
l'homme, principe inaltérable, liberté inaliénable ni de
gré, ni de force, Jean-Jacques, visant et faisant table
rase des vieilles erreurs encore subsistantes de son
siècle, démontrant aux hommes que la force n'est pas

un droit contre la liberté; que l'autorité légitime n'existe pas contre la liberté non consentante, même consentante alors qu'elle cède à la force; après avoir établi que les hommes sont libres en dépit et malgré ces prétendus droits de la guerre, de conquête, de cession, d'esclavage, Jean-Jacques, ayant affirmé la liberté absolue, recherche les moyens de la conserver. En faisant l'âme du pacte social, il faut aussi qu'il en détermine les lois et les effets, en même temps qu'il en prévoit les charges et les priviléges.

C'est là le but de son livre, ainsi que l'indique son titre : « *Du contrat social.* »

Les premières pages de son livre n'ont été qu'un préambule nécessaire pour combattre les anciennes erreurs, pour extraire les vieilles racines des vieux abus et des misérables préjugés près de tomber en poussière, et simplement utile à l'exposition de son système rationnel — vraie antithèse de l'ancien régime social.

Nous allons étudier ce système de constitution et de protection de la société, c'est-à-dire de la liberté.

Mais, auparavant, disons qu'il ne peut y avoir de distinctions :

Jean-Jacques a dit : l'homme; il parle des droits de l'homme, de la liberté de l'homme.

L'homme est de tous les pays, de tous les États.

Mettre un homme, un nombre d'hommes, et par suite un État, en opposition à d'autres hommes, à d'autres États, serait la négation du principe de la liberté conventionnelle.

Il n'y a qu'un monde pour l'homme, pourquoi y aurait-il plusieurs États? pourquoi ces limites, ces distinctions?

L'État, c'est l'homme obligé envers les autres hommes,

et réciproquement. Comme on le voit déjà, il n'y a pas deux sortes d'hommes.

Cette vérité a été proclamée à l'égard des nègres.

Dans la crainte qu'on lui oppose de l'existence des États, en discutant des droits de la guerre et en en condamnant le système, Jean-Jacques tire de précieux arguments en faveur de l'obligation universelle dans l'État, sans laquelle il n'y a d'autre effet, d'autre issue que la guerre, et pour résultat la négation de la vraie, de la première liberté, d'où découle tout le reste dans l'ordre social.

Après sa formule du pacte social, Jean-Jacques dit :

« *Les clauses de la forme du contrat social supposent* » *l'aliénation de la liberté naturelle faisant place à une* » *liberté conventionnelle.* »

Ainsi Jean-Jacques n'admettant pas la suppression ni l'aliénation de la liberté au profit d'un seul, du grand, ou d'une catégorie favorisée d'hommes devenant aussitôt dominateurs, princes ou maîtres, il admet cette aliénation au profit de tous.

Il veut que cette aliénation soit totale, sans restriction, afin qu'il n'y ait aucune inégalité de droits, ni supériorité, ni infériorité.

« Chacun se donne à tous, et ne se donne à personne; » et comme il n'y a pas un associé sur lequel on » n'acquière le même droit qu'on lui cède sur soi, on » gagne l'équivalent de tout ce qu'on perd, et plus de » force pour conserver ce qu'on a. »

« Chacun se donne à tous, » dit-il. Cela se suppose, et il n'admet pas ni division ni exception.

Les limites, les restrictions n'existent pas — que de notre planète à une autre, par la nature des éléments qui

nous en isolent et nous empêchent d'y atteindre, ni
d'établir le moindre rapport moral.

Nous n'avons aucune relation avec les mondes exté-
rieurs hors de notre atteinte et de notre convoitise.

Sur notre terre, il n'en est pas ainsi; tout se lie à nous
par un rapport direct, tout nous est pareil : la constitution physique est une, — la constitution politique doit
être de même, la morale aussi.

C'est donc dans la mise en « commun de toutes ses
forces et de sa personne, dit Jean-Jacques, sous « la
» direction de la volonté générale que chacun vient
» faire corps avec l'État social, et comme partie insépa-
» rable ou indivisible. »

C'est ce qu'il dit former le corps politique moral et
collectif, composé de tous les hommes sans aucune
exception, à moins d'incapacité de vie, de décomposition,
si une force, partie nécessaire de la force commune, en
était séparée.

Ce corps, c'est la personne politique, qu'il appelle
République, c'est le contrat social.

Le contrat social est formé par l'association générale
de tous les hommes.

En disant que tous les hommes y apportent leur
personne et leur puissance, Jean-Jacques n'en définit pas
les termes; il dit : *Sans réserve aucune.*

Il ne croit pas que l'un apporte plus que l'autre. Il ne
suppose que l'égalité, qu'il fait, si elle n'existe pas, par
la liberté, ou de l'égalité il fait la liberté.

Il n'y voit que la compensation équivalente et un très
grand profit, puisque par le fait de l'abandon au fonds
commun, chacun reçoit, en échange de son contingent,
le produit de la force contingente multiple de tous les
hommes et d'un seul.

Ce qui revient à dire que la puissance d'un homme
étant 1, celle de deux hommes sera supérieure à 2, et
si l'on admet qu'un homme, par exception, puisse avoir
la force de 2, il aura difficilement celle de 3.

Deux hommes, par leur réunion, leur effort commun,
atteindront plus facilement à cette force.

Tous les hommes réunis atteindront à une force
incalculable, dont le produit profitera à chacun d'eux.

Cet exemple, tiré de la force physique, s'applique
aussitôt aux forces morales comme à toute chose de
nature à faire l'objet des efforts de l'homme.

Ainsi, le principe de l'association formant le corps
politique dont aucun homme ne peut être distrait, est
établi. C'est le corps social, — c'est le contrat qui le fait
du consentement du peuple, de tous les particuliers.

Si ce principe choque quelques esprits qui aiment
beaucoup mieux considérer un droit d'inégalité, une
attribution de puissance par une supériorité supposée,
qui n'admettent pas la mise en commun, ni ce corps
politique ou République, parce que l'apport de chacun
leur paraît inégal, et qu'ils entrevoient des lésions au
prétendu droit de la supériorité — il faut admettre la
liberté naturelle, revenir à la possession sans garantie,
à la domination personnelle, à la servitude, à l'esclavage;
et il a été démontré que cet état n'est pas le bon,
puisque l'inégalité des droits, la servitude volontaire ou
la sujétion imposée, n'appellent, ne laissent que le droit
de la résistance, de la lutte, de la force, cause certaine
et perpétuelle de perturbation dans le monde — négation
de l'État.

A moins de trouver une autre forme de contrat, il faut
donc se rallier à celui de Jean-Jacques.

« VII. — **Du Souverain.**

» Par la formule de l'acte d'association, du contrat,
» chacun se trouve réciproquement engagé comme
» membre du souverain envers les particuliers, et comme
» membre de l'État envers le *souverain, qui est l'État ou*
» *le corps politique.* »

Remarquons que le souverain, c'est le corps politique
formé de tous les particuliers.

Il ne s'ensuit pas, ajoute Jean-Jacques, que les engagements puissent être nuls, comme étant pris envers
soi-même; car, du fait qu'un membre devient souverain,
il n'est pas tout le souverain, et qu'alors qu'il s'engage
comme souverain envers les particuliers, il ne s'oblige
qu'avec les autres parties intégrantes du souverain.

Le souverain ne saurait donc s'engager envers soi-même.

« Ne pouvant se considérer que sous un seul et même
» rapport ;

» Comme souverain seulement et non comme parti-
» culier,

» Il est dans le cas d'un particulier qui contracte envers
» soi-même, et l'on voit, dit-il, qu'il n'y a, ni ne peut y
» avoir de loi fondamentale obligatoire pour ce corps de
» peuple, pas même le contrat social. »

Ici, apparaît encore l'image de cette liberté si pré-
cieuse, si chère au philosophe.

Il suppose la création d'un corps politique qui a la vie
que lui donnent toutes les vies, mais ce corps politique
ne saurait s'engager envers soi-même sans enfreindre la
loi qu'il se serait imposée. — Ses engagements seraient
nuls s'il les prenait contre lui-même.

C'est donc un Être : Ce corps politique est un individu.

Ce Souverain est formé de tous les individus.

Ainsi, comprendrait-on que ce souverain, formé de tous les suffrages, puisse dire qu'il n'y a plus de suffrage? Ce qui serait s'anéantir soi-même, ce qui est impossible.

Jean-Jacques ajoute : « Il ne peut jamais s'obliger même » envers autrui, ni aliéner quelque portion de soi-même, » ou se soumettre à un autre souverain. Violer l'acte par » lequel il existe serait s'annuler, et ce qui n'est rien ne » produit rien. »

Et Jean-Jacques a raison, car il est vrai que ce qu'un individu n'aurait su faire, une partie de son individu ne serait capable de le faire sans lui.

Si le corps politique, ou le souverain, est un être, un *tout* politique, il ne l'est que par le contingent des parties, et les parties qui sont les individus n'ont jamais, en entrant dans le souverain, renoncé à ce qu'ils doivent à eux-mêmes, puisqu'ils ne sauraient le faire, et que l'acte de formation du souverain est précisément le contraire; à savoir : que chacun entend conserver la liberté.

Deux négations se détruisent; et si la volonté de l'individu, des individus, est de nier la sujétion en dehors d'eux-mêmes, en s'associant pour empêcher que la liberté soit compromise, l'individu, ou les individus, — le peuple, — ne saurait admettre qu'il doit, comme associé, se soumettre à une puissance étrangère à l'acte, à son contrat. Il dénierait le droit d'être esclave comme individu, et dénierait le droit du souverain, des associés, de ne pas l'être, ce qui n'est pas possible.

« Ce qui ne signifie pas que le souverain ne peut » s'engager envers autrui, » dit Jean-Jacques.

Ce qui ne saurait être que pour assurer des intérêts respectables privés ou publics.

On voit, par ce chapitre, que la pensée de Jean-Jacques n'a pas été jusqu'à prétendre d'un seul coup à un État

unique dans le monde, un seul souverain; en parlant
d'autrui, il indique aussi l'étranger, État, ou individu
même; mais on voit cette idée en germe et que peut-être
il n'a pas dégagée, à cause même des persécutions, des
vices de son temps dont les penseurs étaient souvent
les victimes.

Si l'honneur des philosophes héritiers des théories de
Jean-Jacques est d'avoir — en 1848 et même avant —
entrevu le corps politique unique ou la République
universelle, il faut reconnaître que le premier mérite en
revient aux pères de notre philosophie contemporaine.

« Dès que la multitude est réunie en un corps, on ne
» peut offenser le corps sans que les membres s'en
» ressentent, on ne peut offenser le membre sans
» attaquer le corps ;

» Ainsi, dit Jean-Jacques, le devoir et l'intérêt obligent
» également les deux parties contractantes à s'entr'aider
» mutuellement, et les mêmes hommes doivent chercher
» à réunir sous ce double rapport tous les avantages qui
» en dépendent. »

Si l'intérêt seul des individus paraît donner naissance
à l'acte d'association, on doit retenir ici le mot *devoir*
qui y est introduit.

Le devoir se lie étroitement à l'intérêt, il en devient
inséparable.

Si un contractant croyait n'être obligé envers le
souverain qu'autant qu'il aurait à souffrir directement
d'une attaque quelconque, il se tromperait et romprait
le contrat, car sa personne ou ses biens pourraient être
paisibles, tandis que sa liberté serait menacée quand
celle du corps politique le serait. Son devoir est de
considérer que le contrat l'oblige à secourir son associé,
au risque qu'il peut encourir; son intérêt lui démontre

que ce qui arrive à son associé pourrait lui arriver à lui-même directement et lui arrive par solidarité.

C'est la condition expresse, du reste, du contrat social de concourir à la protection, à la défense des biens communs ou particuliers.

Comment ne verrait-on pas que de l'intention même de remplir ce devoir, de la part de chacun et de tous, cela suffit à écarter tout danger, tout conflit?

On ne peut donc admettre qu'un contractant puisse vouloir profiter des avantages d'une constitution qui lui assurerait la paix sans qu'il y prît lui-même un engagement réciproque.

En expliquant que le souverain — le corps politique — ne saurait avoir d'intérêt contraire aux particuliers (ce ne sont que les intérêts des particuliers qui forment le souverain). Jean-Jacques dit « *qu'il ne peut nuire au par-* » *ticulier ; mais,* ajoute-t-il, *il n'en est pas ainsi des parti-* » *culiers, des sujets envers le souverain. Rien ne répondrait* » *de leurs engagements, s'il ne trouvait des moyens de* » *s'assurer de leur fidélité.* »

Ce qui veut dire : il ne faut pas seulement s'en rapporter à l'honnêteté de l'acte.

L'intérêt particulier d'un individu peut parler autrement que l'intérêt commun, peut lui faire envisager ce qu'il doit à la cause commune comme une charge onéreuse pour lui seul, et, ajoute Jean-Jacques, considérant l'État comme un simple individu, peut-être comme une chose — et la guerre naît du rapport des choses, non du rapport des hommes — sans y voir un homme, il voudrait se soustraire à ses obligations et jouir des droits du citoyen sans en remplir les devoirs, « injustice dont le progrès causerait la ruine du corps » politique. »

Et Jean-Jacques résout cette difficulté, prévoit cette injustice, en ajoutant ces mots remarquables :

« Afin que le pacte social ne soit pas un vain formu-
» laire, il renferme tacitement cet engagement, qui seul
» peut donner de la force aux autres : que quiconque
» refusera d'obéir à la volonté générale y sera contraint
» par tout le corps, ce qui ne signifie autre chose *sinon*
» *qu'on le forcera d'être libre,* car telle est la condition
» qui, donnant chaque citoyen à la patrie, le garantit de
» toute dépendance personnelle, condition qui fait
» l'artifice et le jeu de la machine politique, et qui seule
» rend légitimes les engagements civils, lesquels sans cela
» seraient absurdes, tyranniques et sujets aux plus
» énormes abus. »

Sans cela, ce serait l'anarchie.

Ce sera peut-être le seul cas où le philosophe admettra la contrainte et parlera de l'emploi de la force, seul cas où il la voit légitime, comme dans l'occasion de se conserver ou de s'affranchir.

Des gens ont entendu que la philosophie du contrat social n'admettait, ne devait admettre aucune contrainte, mais, au contraire, la liberté absolue, la liberté complète.

Mais où voit-on la liberté garantie en dehors du contrat?

C'est une moquerie pour les uns ; les autres d'y croire de bonne foi ; ces derniers ne sont pas difficiles à éclairer.

Quant aux premiers — ils prétendent que ce système est plus tyrannique et despotique que n'importe lequel.

Ce qui serait tyrannique, ce serait de ne pas respecter une loi de sagesse commune, et que de lui dénier le devoir, et non le droit d'employer la force — quoique ce droit apparaisse maintenant — on en vînt à dire que ce devoir, cette lo., n'est qu'une insigne fourberie ou un subterfuge méprisable.

La réfutation de ce langage n'est pas autrement difficile.

Il serait, en effet, trop commode de profiter d'une garantie d'indépendance pour sa personne et pour ses biens, de se retirer à son aise de toute réelle participation, parce qu'on la verrait onéreuse — alors qu'elle n'est qu'un avantage — le plus grand, — mais de prendre sa part de tous les avantages, — de nier la souveraineté et de ne l'admettre que pour soi seul, — d'être la gêne pour les autres, sans jamais être l'appui, l'utile, ou de choisir sa tâche, son rôle, de n'en souffrir aucun autre, — de se refuser à d'autres, — de se faire une supériorité dans l'État, — enfin de prétendre à la protection à tous les bénéfices résultant d'une constitution dont on ne voudrait pas être effectivement.

Non. Et même par ces mots : « *sinon qu'on le forcera* » *d'être libre,* » le philosophe voit, dans le soin merveilleux qu'il met à sauvegarder toujours le principe même de la liberté, la nécessité de ravir un homme à la liberté naturelle — dans laquelle tout n'est qu'obstacle et incertitude — pour le faire participer aux bénéfices de la liberté conventionnelle, qui est la seule et vraie liberté garantie par tous ceux-là mêmes qui pourraient la menacer s'ils vivaient, réfractaires, égoïstes, à l'état de liberté naturelle, qui ne donne aucun droit, ne reconnaît aucune loi, que la loi des appétits et de la force, qui ne sont ni droit ni loi.

Si le contrat social est la conséquence d'une question de conservation personnelle — mais générale — et en apparence égoïste elle-même, c'est la gloire des philosophes d'avoir compris qu'il fallait, au milieu des abus, trouver un mode de vivre — un mode d'être libre — non d'une liberté sauvage, non d'une liberté de caprice, capable de plus de mal que de bien, mais d'une liberté commune, douce, humaine, prévoyante, ne pouvant empêcher tous les maux que l'Être suprême a créés, mais capable de les atténuer quand elle ne peut les éviter;

Et si l'existence n'est qu'un sort, sacrifiant quelquefois au sort, dans l'intérêt de tous, la vie même et les biens de quelques-uns, sans choix ni injustice, ni passion, que celle de résister au mal et d'épargner le plus possible la société.

La constitution civile est faite. Jean-Jacques en apprécie déjà les effets :

« VIII. — De l'État civil.

» Ce passage de l'état de nature à l'état civil produit » dans l'homme un changement très remarquable, et » substituant dans sa conduite la justice à l'instinct, et » donnant à ses actions la moralité qui leur manquait, » c'est alors seulement que la voix du devoir succédant » à l'impulsion physique, et le droit à l'appétit, l'homme » qui, jusque-là, n'avait regardé que lui-même, se voit » forcé d'agir sur d'autres principes, et de consulter sa » raison avant d'écouter ses penchants. »

La morale naît ici de la politique. — Et peut-on en trouver une plus belle que celle qui révèle son existence dans des termes aussi courts, aussi simples?

Un autre philosophe, très ancien, c'est Jésus, a compris aussi la société, la solidarité, mot que nous n'avons pas rencontré dans ce livre, mais qui y est par le sens.

Jésus eût fait connaître le contrat social si le temps et

les moyens l'y eussent préparé. Il ne sut parler qu'en termes voilés, bien compris cependant de ses adeptes. Il ne pouvait, sous une tyrannie étrangère et en butte aux railleries, aux persécutions de ses propres concitoyens, se croyant intéressés à ne pas le comprendre, que s'adresser au peuple en termes mystiques, qui depuis ont contribué puissamment à dénaturer le sens secret et réel de son langage, et qui, par une ironie du destin, ont retardé si longtemps l'avénement des grands principes de paix, de solidarité, de liberté.

Ces principes maintenant révélés et justement impérissables, dégagés des obscurités où les princes et les prêtres les retenaient, ont enfin inondé le monde de leur lumière généreuse.

Gloire aux philosophes qui y ont si puissamment présidé!

Sans eux, l'esprit public se traînerait encore péniblement à la recherche de la vérité; et l'on sait ce que le défaut de lumière a causé d'erreurs, a entretenu de misères, a coûté de victimes!

Mais laissons la parole au maître. Il continue:

« Quoique l'homme se prive, dans cet état civil, de
» plusieurs avantages qu'il tient de la nature, il en regagne
» de si grands, ses facultés s'exercent et se développent,
» ses idées s'étendent, ses sentiments s'ennoblissent, son
» âme tout entière s'élève à tel point, que si les abus de
» cette nouvelle condition ne le dégradaient souvent au
» dessous de celle dont il est sorti, il devrait bénir sans
» cesse l'instant heureux qui l'en arracha pour jamais, et
» qui d'un animal stupide et borné, fit un être intelligent
» et un homme. »

Il faut remarquer que le philosophe, en constatant les heureux effets produits par la douce influence de la liberté possédée, et de l'état de tranquillité constante de l'individu sur ses facultés, sur son esprit comme sur son âme, il voit, aussi, l'instant où, par les bienfaits acquis de l'état social, l'individu abuse de sa quiétude, de son bien-être au point de se dégrader davantage qu'il ne l'eût pu faire à l'état de liberté naturelle; et l'on doit admirer cette réflexion du maître que : *sans cette misérable condition où dans l'excès de ses jouissances, l'homme se dégraderait, il devrait bénir l'instant heureux qui le fit libre.*

Quelle plus grande leçon de morale! car Jean-Jacques veut dire : l'homme doit se considérer misérable ou malheureux, dans l'excès d'être heureux.

Qui donc a dit que nos philosophes étaient hommes sans souci, et plutôt même les ennemis de la morale?

Nous prendrons ces mots de l'exposition du « contrat social » :

« Ce que l'homme perd par le contrat social, c'est la
» liberté naturelle et un droit illimité à tout ce qui le
» tente et qu'il peut atteindre; ce qu'il gagne, c'est la
» liberté civile et la propriété de ce qu'il possède. »

Il faut donc reconnaître avec Jean-Jacques ces admirables leçons ou règles d'ordre.

Il n'y a pas de liberté concédée par l'empire, la monarchie, ou toute autre forme de gouvernement personnel autoritaire.

La première liberté est la liberté conventionnelle reconnue par tous, garantie par tous, décrétée par tous et pour tous, défendue et respectée par tous.

Jean-Jacques dit :

« On pourrait, sur ce qui précède, ajouter à l'acquit de
» l'état-civil la liberté morale qui seule rend l'homme
» vraiment maître de lui, car l'impulsion du seul appétit
» est l'esclavage, et l'obéissance à la loi qu'on s'est pres-
» crite est la liberté. »

Après quelques considérations sur le droit de propriété, Jean-Jacques termine son Livre Ier par la confirmation de ce qui a été expliqué, par une remarque, dit-il, « qui » doit servir de base à tout le système social : c'est qu'au » lieu de détruire l'égalité naturelle, le pacte fondamental » substitue au contraire une égalité morale et légitime à » ce que la nature avait pu mettre d'inégalité physique » entre les hommes, et que pouvant être inégaux en » force ou en génie, ils deviennent tous égaux par conven- » tion et de droit. »

Nous pourrions nous arrêter là, mais nous avons cru devoir faire suivre les principes exposés de quelques réflexions tout de circonstances actuelles.

Le principe de la République est maintenant proclamé et l'on ne peut manquer de jouir bientôt de ses effets.

Mais n'est-il pas en dehors du pacte social une foule de constitutions, dont entre autres quelques-unes très puissantes, très actives, qui dans l'État mettent l'État en péril?

Ces constitutions, on les connaît; elles ont toutes pour but apparent de prêter assistance au grand corps politique.

Le corps politique social doit se suffire à lui-même, et les constitutions de sociétés en lui-même ne peuvent que lui enlever de sa force et causer sa ruine.

Du reste, en se donnant volontairement au grand corps politique, *on se donne sans réserve*, dit Jean-Jacques Rousseau, *en personne, avec toutes ses forces;* il n'en reste donc pas au constituant, au participant, pour être d'une autre société.

Ce serait la négation du grand corps politique de la

République, sans laquelle il n'est rien qu'éventualité redoutable, certitude de dissolution, de guerre.

Les sociétés, dans le corps politique, doivent disparaître.

La République est fondée; elle ne périra que par la défection de ceux-là mêmes qui ont voulu son existence; et cette défection, entraînant la ruine de l'État, nous ramènerait au temps d'hostilité, à tous les inconcevables abus qui ont ensanglanté et terrifié le monde.

Il ne faut pas que, dès à présent, des sociétés qui croient avoir rendu des services à l'humanité, se croient encore en droit de rester à l'État de corps constitués dans l'État; elles seraient le premier péril, la première cause de malaise, de dissolution de l'État et des mœurs politiques, suivis du cortége de tous les maux.

On connaît le soin que mettent les membres de sociétés à rechercher, sans qu'il y apparaisse, les faveurs dans le gouvernement, tous à raison de leurs services réels ou non.

Et le particulier étranger à la société qui croit au libre choix de son suffrage, n'est souvent que l'électeur circonvenu d'une influence intéressée, l'instrument de la convoitise personnelle et d'une coterie, au grand préjudice de ce choix même, qui aurait pu quelquefois, souvent même, être meilleur.

Ainsi procèdent ordinairement ceux qui se donnent pour les *éducateurs* d'un peuple et finissent par confisquer à leur profit les fonctions dans un gouvernement et par nous conduire aux abîmes en étouffant la liberté.

Disons que, étant tous républicains, il est interdit d'être autre chose au nom de la République, puisqu'on serait en dehors d'elle et de son principe.

Dans ces lignes, nous ne visons pas les églises, dont

au surplus le prêtre agissant *personnellement,* enseignant
la religion ou la morale, ne saurait nous déplaire, loin de
là ; pris isolément, c'est un très grand auxiliaire; tout
reposant sur la morale, qui est le fondement de la société
et *la garantie de ses intérêts.* Nous visons toutes les
sociétés qui sous un nom ou un autre, contestant même
aux autres le droit de société, se livrent à des pratiques
secrètes, recrutent pour elles-mêmes, en disant recruter
pour la République, et enlèvent précisément au corps
politique une partie de la force qui n'appartient qu'à
celui-ci.

Il y a là un péril plus grand qu'on ne pense.

Sans avoir été plus loin dans l'examen de la constitution de l'État ou du contrat social, dans son organi-
sation des fonctions des citoyens, nous croyons du reste
que tout système ayant pour base le suffrage universel,
suffit à assurer, en s'instruisant tous les jours, le meilleur
mode de répartition de charge, de devoir, de sécurité
de l'État.

Mais puisque la libre discussion peut se faire au grand
jour, que signifient ces formes mystiques de certaines
sociétés°

Alors que l'étranger même est bienheureusement
destiné à disparaître, il se crée, au sein même de la
République, des corps étrangers, organisant la puissance
dont ils ne tarderaient pas à vouloir se servir pour eux
mêmes, où quelques individus pourraient trouver les
moyens, en accaparant les fonctions, de se substituer à
l'intérêt de tous.

Ces corps ont leurs grades, leurs emblèmes, leurs
signes de ralliement, leurs mystères, leurs pratiques
secrètes et intimes, si l'on veut, tout comme dans les
églises, sauf le costume extérieur; ils ont déjà aussi une

influence qui pourrait ne pas s'exercer toujours dans le sens du devoir — l'affilié reçoit une aide, de nature quelquefois à troubler le vrai règne de la justice, — car en dehors de la corruption vénale, il y a aussi la corruption morale, — dans bien des cas, la conscience d'un homme peut être surprise, — et le droit le plus clair des particuliers subit souvent des atteintes graves au profit de la duplicité, de la fausseté, du mensonge, de l'iniquité, parce que des liens secrets ont mis dans la main d'un homme des armes perfides *tirées dans le secours de l'affiliation secrète,* dont il sait habilement se servir.

De là, souvent, le reproche grave à la justice de ne l'être pas — et une cause de démoralisation profonde.

Nous le répétons, l'État seul préside aux destinées de l'État, de la patrie, et la mouche du coche est inutile, sinon nuisible.

Quand on a tous les maîtres, tous les philosophes pour apôtres, pour instructeurs, et les libres discussions pour domaine, que ceux qui se donnent à tâche d'instruire se donnent aussi la peine de le faire ouvertement, mais non comme corps se donnant déjà des airs de supériorité fort contestable.

Nous l'avons dit, les sociétés dans l'État doivent disparaître en politique. Les seules sociétés de travailleurs ou de finances, de crédit, soumises au contrôle par la loi, doivent être autorisées; à cet égard, l'État ne fera jamais trop, et sous sa direction habile et encourageante, elles ne peuvent que contribuer à la prospérité générale. La politique assure tous les moyens de travail; — le travail bannit la politique, — elle a ses heures.

En un mot, excepté les actes privés et intimes des particuliers, tout doit être public dans l'État, ou alors il y a hypocrisie, dissimulation de forces.

C'est à la République de veiller, mais par des égards, autant et peut-être davantage pour les athées que pour les chrétiens; il est probable qu'on prendra trop de temps.

L'ennemi est déjà dans la place. Si l'on n'y prend garde, après avoir détruit une société plusieurs fois séculaire, pour laquelle nous ne réclamons pas, et encore très puissante, il sera la ruine de la liberté. Que laissera t-il à sa place?

Nous souhaitons que la liberté commune ne s'en trouve pas mal; mais nous le répétons encore, ces sociétés sont un danger, un immense péril, et nous paraissent nuire déjà considérablement à la saine distribution des charges, des pouvoirs et de la justice.

Citoyens, veillez aux fonctions publiques dans l'État! Cela est un motif trop suffisant pour insister.

En terminant cette étude — peut-être aura-t-elle le bonheur de suffire à quelques-uns, — disons, puisque nous sommes en République nationale, que cet état ne comporte aucune intention d'offense envers qui que ce soit; son devoir est tout tracé, sa force invincible, croyons-nous, en cas d'attaque, d'où qu'elle vienne, elle opposerait la défense la plus énergique qui soit.

Disons encore que si le principe de la liberté est enfin consacré dans notre pays, il porte en lui-même les destinées les plus belles pour un prochain avenir.

Cette condition lui impose de sérieux et grands devoirs; nous pensons que l'humanité ne pourrait voir sa cause en meilleures mains.

L'auteur de cette brochure fera paraître très prochainement une *Étude sur un projet de dotation universelle*.

Bordeaux. Imprimerie A. Gounouilhou, rue Guiraude, 11.

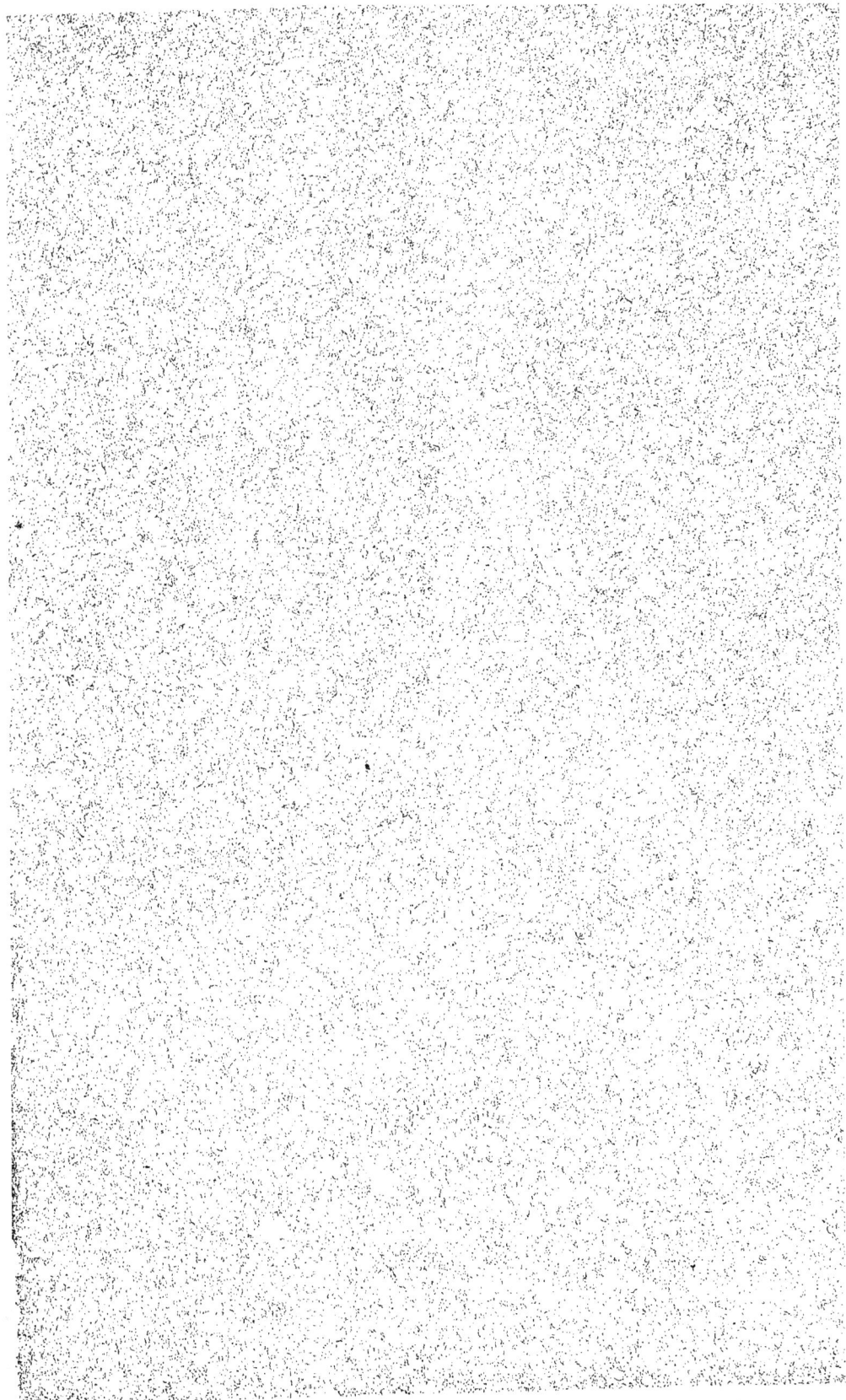

www.ingramcontent.com/pod-product-compliance
Lightning Source LLC
Chambersburg PA
CBHW071010280326
41934CB00009B/2239